花輪線は「ハチロク」の大活躍が繰り広げられた忘れる
ことのできない路線だ。とくにサミット駅であった龍ヶ
森駅周辺は多くの奮闘シーンが見られ、多くの鉄道好
きを誘ったものだ。重連、後補機、さらには逆向重連
後補機など「ハチロク」らしからぬシーンが展開した。
次ページは朝一番の混合列車。逆向後補機付で迫力の
あるドラフト音を辺りに谺しながら、通過して行った。

005

006

最初の訪問時は冬、雪の五能線を全線踏破する、というものであった。その直通列車は「ハチロク」の牽く混合列車だった。それとは別に、貨物列車、区間運転の旅客列車などが走っていた。右は懐かしい客車内。木の背ずりは長旅には堪える。p010 は五能線の名所だ。

花輪線の「ハチロク」

重連後補機の大活躍

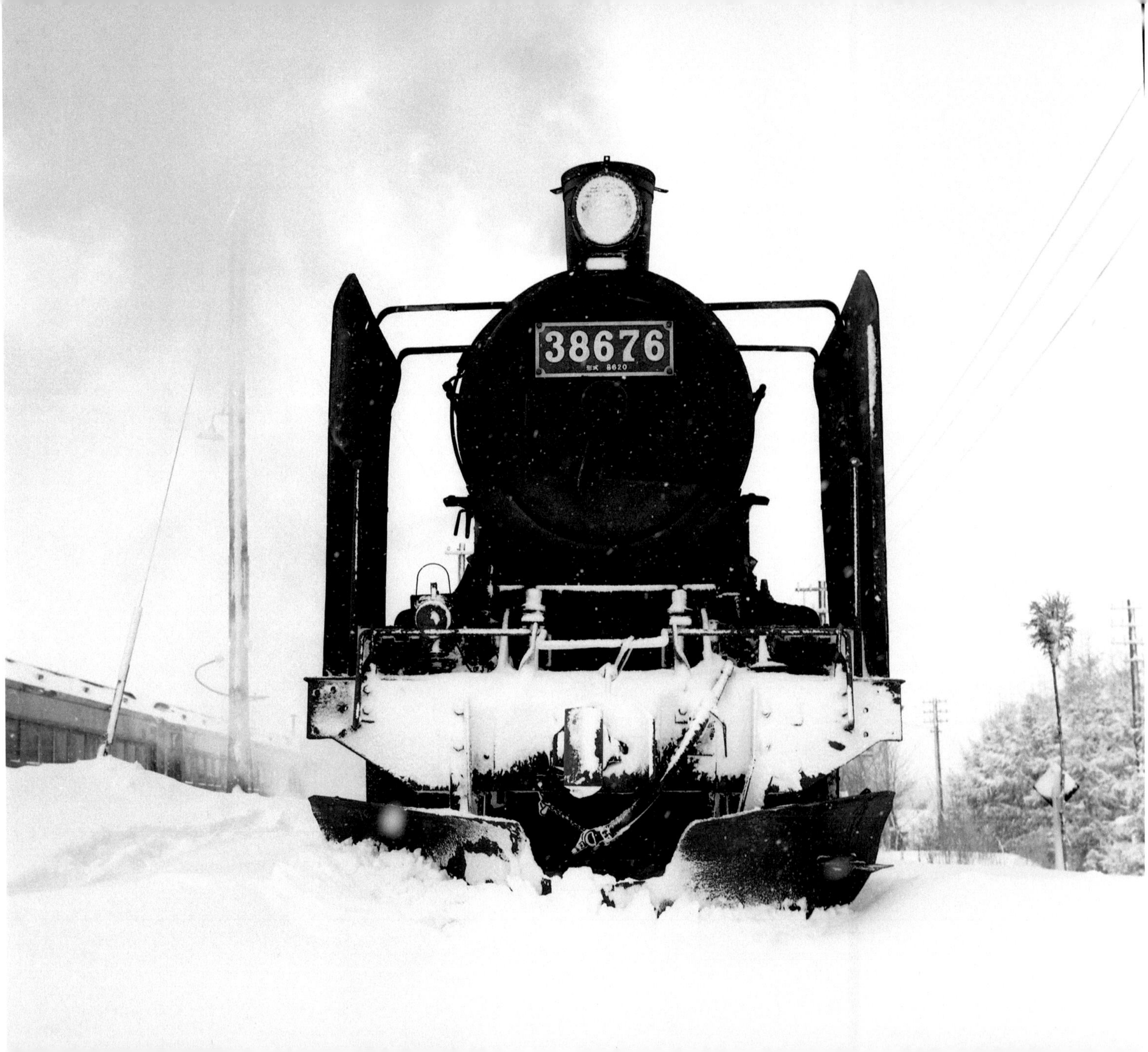
38676
形式 8620

龍ヶ森の 8620
■ 花輪線　岩手松尾～赤坂田間

　花輪線を訪ねたのは、ほとんど初めての撮影行で、である。鉄道撮影のキャリアをスタートした、ごくごく初期の訪問先に花輪線を選んだのは、当時、憧れの専門誌にあったひとつの記事のおかげ、である。まだ、蒸気機関車がブームのようになる直前。大正の名機といわれる旅客用「ハチロク」が、貨物列車も受持ち、それも重連だったり後補機だったり、見たこともない運用に就いている、という。

　見てみたい！　その次に思ったのは、書物に載っているような写真を撮りたい、だった。

　よく「絵はがき」写真などと揶揄されたりするが、なにはともあれ作品例と同じものを自分の手で撮ってみたい、というのはまず思い浮かんでくる感情らしい。まずは「模倣」、それから「創造」… その第一歩を実行したのが花輪線であった、というわけだ。

　だから、とにかくその参考文献にあった花輪線の龍ヶ森に行こう、というのに迷いはなかった。というより、それしか術がなかった、といってもいい。かくして、大撮影旅行の最初の撮影地を花輪線龍ヶ森に充てたのだった。

　夜行列車で早朝の盛岡に着き、機関区でお目当てのC60、C61 型をはじめとするたくさんの蒸気機関車を撮影。その日の夕刻、好摩駅発 17 時 04 分の 1341 列車で花輪線に足を踏み入れたのであった。

　乗る予定の列車は88620に牽かれた7輌編成で
あった。思いのほか長編成なのにも驚いたが、編成
中3輌が合造車のオハユニ61であるのにも目を奪
われた。さらに、である。側線に待機していた2輌
の「ハチロク」が後補機として連結されるではない
か。本当に補機を必要とする勾配なのだろうか。

　期待で胸を膨らませるうちに996列車は東北本
線と分かれ、花輪線に進んでいった。
　だんだんと陽が暮れていく。そのなか、後を振り
返ると2輌の後補機も大きなドラフト音とともに力
行している。この情景を外から眺めてみたい、そう
思いつつも自然とまだ見ぬ龍ヶ森への期待も高まっ
ていくのであった。

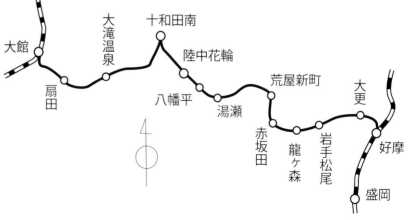

● 花輪線のこと

　花輪線は東北本線の好摩から分かれ、陸中花輪を経由して奥羽本線の大館までを東西に結ぶ列島横断線のひとつだ。陸羽東西線、北上線、田沢湖線とともに、東北地方を横断する鉄道路線の一番北に位置する。このなかで一番遅く1966年に全通した田沢湖線は、1997年3月から秋田新幹線になっているのはご存知の通り。

　そもそもの花輪線は1914（大正3）年7月に私鉄の秋田鉄道が大館〜扇田間を開業したのにはじまる。それは、1923（大正12）年11月に陸中花輪まで延長されていた。

　一方東北本線側は、国有鉄道が1922（大正11）年8月に好摩〜平館間を皮切りに、少しずつ線路を延長し、1931（昭和6）年には陸中花輪に到達した。龍ヶ森は信号所として1926（大正15）年11月に新設されている。

　秋田鉄道は1934（昭和9）年6月に国有化され、好摩〜大館間、106.9kmの花輪線とされた。龍ヶ森が駅に昇格したのは1961年12月のこと。1988年には安比高原駅に改称されモダーンな駅舎になっている。

● 龍ヶ森の朝

　1960年ころから設置されているというヒュッテのオハ31型客車が3輛、島式ホーム1本の小さな駅が目指す龍ヶ森であった。そのヒュッテに泊るつもりで出掛けてきたのだが、スキー場の方に宿泊施設ができていて、すでにヒュッテは営業していなかった。すっかり陽が暮れて、寒さも半端ではない雪の高原、考える余裕もなくスキー場で一泊した。

明けて翌日。嬉しいことに天気は上々。朝一番の混合列車322レ（カラー頁に掲載）を撮影していったん宿に戻り、いよいよ龍ヶ森の一日がはじまるのだった。

　龍ヶ森をサミットにして、その両側は33‰の上り勾配がつづく。つまり、上り列車も下り列車も龍ヶ森を目指しての力闘振りが期待できる、というわけだ。そのために、重連、後補機など、他では見ることのできない「ハチロク」の大活躍が繰り広げられ、龍ヶ森は忘れられない名撮影地としてその名を残している。

　駅の両側にはそれぞれ「腰森トンネル」「龍ヶ森トンネル」があり、駅構内とともにそのトンネルを抜けたところに撮影ポイントがあった。まずは線路に沿って岩手松尾側に向かった。となり駅の岩手松尾駅までは7.2km、大館側の赤坂田駅までは5.0km。龍ヶ森を中心に前後6kmほどの区間を列車の進行方向を考えながら往復したことになる。

　「腰森トンネル」までの間にはS字カーヴもあって、いくつかのポイントになりそうだ。走ってくる列車の姿を想像しながら、カメラを構える。いよいよ本格的撮影のファーストショットである。もうそろそろ来てもいい時刻だ。パッパッパッというドラフト音も微かに聞こえてきた。その音は大きくなったりまた小さくなったりしながら、しかしいっこうに姿は現わさない。いい加減待ちくたびれた頃、ようやく「ハチロク」の顔が見えた。想像を遥かに超えるもうもうたる煙。しかも重連。本当に歩くようなスピードでやってくる。

　一瞬温かい湯気が顔を撫でていく。ゆっくりとカーヴをくねって通り過ぎていく2輌の「ハチロク」。

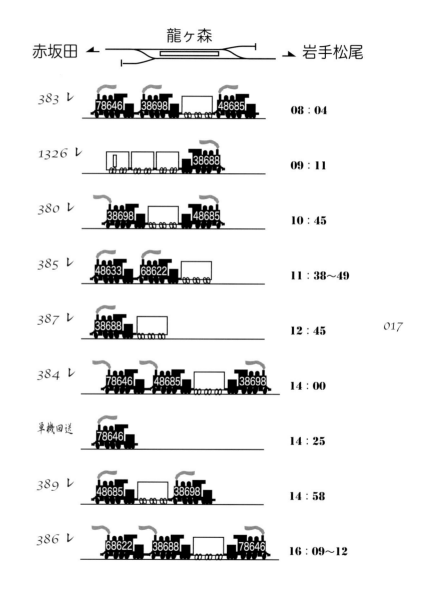

78646 の 383 レ

赤坂田
大館

龍ヶ森トンネル

龍ヶ森
（花輪線）

腰森トンネル

好摩

　通り過ぎていく車輌のナンバー
がひとつひとつ読めてしまうほど
のスピード。もっともそのナン
バーを憶えるだけの余裕はない。
20輛ほどは繋がっていただろう
か。もちろん輛数を数えている余
裕もない。

　すると、通り過ぎようとする列
車、蒸気機関車のドラフト音がふ
たたび高まった。最後尾にももう
1輛の「ハチロク」。重連＋後補
機という編成、3輛の8620型蒸
気機関車によって383レは運転
されているのだった。

　あとには芳ばしい石炭の匂い。
カーヴを切って向こうに消えて
いった「ハチロク」の余韻に浸っ
ている暇はない。1時間ほどのの
ちには下りの旅客列車がやってく
る。それを迎えに龍ヶ森の駅に戻
ることにする。

38688 の 1326 レ

● 旅客列車のこと

　花輪線には全線を直通する1往復の旅客列車と、朝の通勤通学時間帯に大館側、好摩側それぞれに「ハチロク」の牽く列車が設定されていた。龍ヶ森を通過するのは早朝の混合列車を入れると上り1本、下り2本。きのう龍ヶ森まで乗ってきた1341レが8輌編成だったのは、途中で客車の一部を切離して下り列車に使うためだったのだろう。

　龍ヶ森の赤坂田側は、ホンの数百mほどで「龍ヶ森トンネル」が待ち構えている。駅構内で撮影することに決め、列車を待った。

　「ハチロク」はいうまでもなく旅客用蒸気機関車だ。貨物列車の力闘も素晴しいけれど、やはり数輌の客車の先頭に立つ姿がより似つかわしい。いまはヒュッテになっておかれているオハ31系などお似合いの客車だが、1326レはオハフ＋オハ＋オハユニという61系客車の3輌編成であった。

　腕木式信号機、タブレットなど、懐かしい「小道具」が配された駅。化粧煙突に回転式火の粉留めが装着された38688、機関助士がタブレットを受け取ると咆哮一声、岩手松尾に向けて走り出していった。

48685 の 380 レ

　こんどは赤坂田側「龍ヶ森トンネル」を越えた向こうに行ってみる。国道でトンネルを越え、その先でふたたび線路端を目指した。

　もとより雪道などほとんど経験したこともない。道路から線路までの道なき道を機材を抱え、懸命に転ばぬように降りていく。

　岩手松尾側とはまたちがった情景が広がっている。より雄大な写真が撮れそうだ。あれこれ考えるうちに、次の列車とあとからやってくる後重連補機の列車とを撮り分けよう、一番のハイライト・ポイントはそのために残そうと決め、次善の場所で列車を待った。

48633 の 385 レ

　逆向後補機、それも重連の、などという
トリッキイなものに見慣れてしまうと普通
の重連が美しく見えたりする。ふたたび龍ヶ
森を通り過ぎて反対側まで移動しただけの
ことはある。

　2輌の「ハチロク」が歩調を合わせてやっ
てきた。さすがに10輌足らずの貨車に重
連は力が余っている感じだ。

　その後姿を追い掛ける間もなく、急ぎ足
で龍ヶ森駅に戻る。この385レは龍ヶ森に
10分ほど停車。花輪線に2往復設定され
ている急行列車のひとつ、「みちのく」との
交換待ちがある。

　まだピカピカのキハ58系が通過して行っ
た。多層階急行ということで、7輌の長編成。
因みに48633はボックス動輪であった。

38688 の 387 レ

38698 の 384 レ

● **花輪線のハイライト**

　忙しく行ったり来たり、ふたたび「腰森トンネル」側に歩いてトンネル出口で単機牽引の 387 レを撮影し、赤坂田側の開けた山裾のシーンに向かう。逆向重連後補機の就く 384 レ、である。

　もっとも花輪線らしい、花輪線ならではの情景として、この列車を記録しておきたい、と思ったのだ。いうなれば、花輪線のハイライト、というわけだ。列車全体を写し込めるもっとも開けたポイントで列車を待つことにした。

　向こうのカーヴから牽引機、38698 が姿を現わす。もうすっかり後補機付の列車にも慣れて、ちょうど重連の後補機が姿を見せたところで、列車前傾を入れてシャッターを切る。もちろんモータードライヴなど備わっておらず、フィルムを手巻き操作する。36 枚撮りのフィルム、下手をすると一本使い切っていまいそうな速度。

　限られた数のフィルムしか持っていないこともあって、倹約しいしい気持ちを抑えながら、それでもけっこうなカット数を撮っていた。

79646 の単機回送

48633 の 389 レ

389 レ

386 レ

78646 の 386 レ

● 龍ヶ森での収穫、加えて…

　前の日の夕方に龍ヶ森に入り、翌日の朝から夕刻まで一心不乱に撮影した。8時間で9本の列車。ローカル線としては効率のいい、密度の濃い撮影行であった。

　先にも書いたけれど、最初は雑誌などで見た写真をじっさいに自分の目で見て自分も撮ってみたい、であった。いわゆる「絵はがき」写真、「模倣」でいいつもりであった。

　龍ヶ森でこの日一日、夢中で過ごすうちに自分なりの写真を撮ってみたい、作例とはちがうアングルを狙ってみたい、に変わっていた。いや、驚くほどに気持が変わっていった、そして実際にいくつかはそうした写真にトライできたのは、なによりの収穫だった。

　好摩に戻ってきたのは、ちょうどきのう乗った旅客列車がやってくる時間であった。後補機となる2輛の「ハチロク」が待機していた。68622は盛岡区の機関車だった。見慣れた「ハチロク」とはちょっと表情がちがう。なんとそれは煙室延長改造が施された機関車であった。

　そういえば… 盛岡機関区でも煙室延長機に出遇っていたなあ。事故に遭ったのであろう28644もここで紹介しておこう。

　花輪線を舞台に想像以上の活躍を魅せてくれた「ハチロク」。撮影しながら、この情景をなんとか写真に残しておきたい、いつの日か記録としてまとめてみたい、そんな気持も生まれてきたのであった。

68622

右の28644は1919年7月、汽車会社製。戦後はずっとこの地区で活躍。事故に遭ったのか花輪線管理所所属で1968年2月廃車。
左の68622、次ページの28670、38690ともに盛岡区所属で、煙室延長改造が施されていた。いずれも郡山工場の施工だといわれる。

28644

040

28670

38690

特集 1-2

三重連「ハチロク」
龍ヶ森 備忘録

それにしても花輪線というところは聞きしに勝るところであった。そんなに貨物輸送量があるのか、それなのに「ハチロク」しか入線できないのか。もちろん、後補機や重連での力闘がこれほど密度濃く見ることができる、唯の趣味人にしてみればこんな嬉しいことはないのだが。

　だから名撮影地なんだよ、と先輩はこともなくいうけれど、じっさいそこに居合わせた「趣味入りたて」の若者にはあまりにも強烈なシーンの連続で、それこそ丸一日、息もつけないほどであった。

　こんな情景が毎日繰り広げられているかと思うと、もっと早く知ってもっと早く訪ねることができていたら… いつもの繰り言を呟いてしまうのだった。

　最初の「感動のいち日」のあと、もう一度花輪線を訪ねたことがある。ファン・サーヴィスを兼ねてか、「ハチロク」の三重連がなんどか運転された。空前絶後、そのことばに魅かれて龍ヶ森を訪ねた。しかし、生憎の吹雪。ほとんど動くこともできないまま、三重連を迎えた。

　結局、三重連が行ったあとに晴れてきたのだけれど、逆に「あの日」、最初に花輪線を訪問した時のこと、好天のなか走る「ハチロク」の感動、幸運だったなあの思いが甦ってきたりしたのだった。

五能線 全線踏破
8620 の混合列車

　初めての五能線の旅は、なぜか五所川原の駅からはじまっている。北海道からの帰り道、かねてから乗ってみたいと思っていた五能線を回ってみる予定を立てた。奥羽本線の川部から分かれて、日本海に面した区間を走り東能代までを結ぶ147.2kmという長距離のローカル線。列車は弘前と東能代を結んで6時間かけて直通する、日に一往復の混合列車が設定されていた。

　「ハチロク」の牽く混合列車。全線を6時間余りかけて走破する列車とはどんなものなのだろう。そんな好奇心も手伝って、オハ61客車の硬いシートに身を委ねたのだった。

　深夜の青函連絡船を使い、朝一番の奥羽線普通列車で川部から五能線、弘前発東能代行の1730列車に乗った。58666が牽引する貨車4輌、客車4輌の混合列車であった。あわてて乗り込んで、ようやくひと息ついたのが五所川原駅だった、というところだ。

　五所川原は津軽鉄道の始発点。駅の北側には津軽鉄道の車庫をはじめとして構内が広がり、車輌も待機している。ロッド式のディーゼル機関車、DD350型や当時は国鉄キハ04型とほぼ同型、自社発注のキハ2400型が写真に写っている。まだ「ストーヴ列車」などが話題になる前のことだ。

　7分という停車時間は、あっちへこっちへ駆け回って撮影するうちにあっという間であった。ここで貨物列車を追い抜く。

五所川原

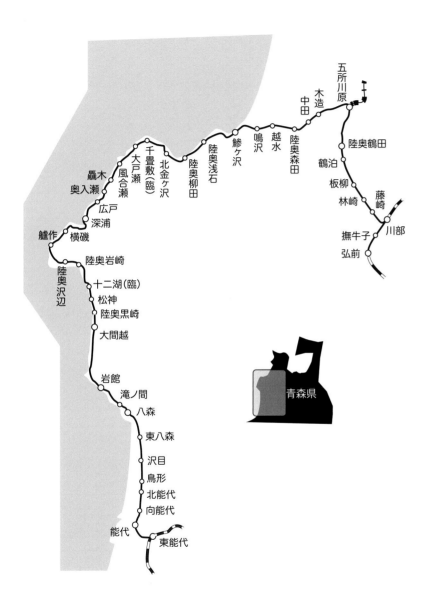

青森県

● 五能線の歴史

　そもそもの五能線は、いくつかの鉄道が最後に一本に繋がってできたものだ。だからこんな長距離のローカル線になったわけで、最初の東能代〜能代間が開業してから、全通するまでには30年近くもの年月を要している。

　つまり、1908（明治41）年7月、東能代〜能代間を皮切りに1926年（大正15）年1月に岩館、さらに1930（昭和5）年12月に陸奥岩崎まで開業したのは国有鉄道。奥羽本線の支線、能代線と呼ばれていた。

　反対側の川部側は1918（大正7）年7月に川部〜五所川原間を陸奥鉄道が開業していた。地元有志が折からの鉄道敷設ブームにも乗ってつくったもので、五所川原から先は陸奥森田、さらに鰺ヶ沢まで、なんと国の手で線路が延長された。

　そして1927（昭和2）年6月には陸奥鉄道を国有化、五所川原線として開業するのである。陸奥鉄道からは蒸気機関車5輌を含め、80輌もの多くの車輌が引継がれた。この国有化によって得た資金をもとに、有志は津軽鉄道建設に踏み出した、というのは面白い話だ。

　国有化された五所川原線は、その後も1934（昭和9）年12月には深浦まで延ばしていた。最終的には難関区間であった陸奥岩崎〜深浦間を繋いで、全線が開通、五所川原と能代から五能線と改称したのだった。ときに1936（昭和11）年7月。最初の区間開業から28年を要していた、というわけである。トンネル22ヶ所、鉄橋122ヶ所という細径でもあった。

鰺ヶ沢

　鰺ヶ沢でディーゼルカーと交換、15分ほどの停車時間で給水作業するほか、入換えも行なう。混合列車というのはそうした役割も持っていて、主要駅ではその駅まで行の貨車を側線に置き、代わりに集貨できた貨車を連結したりするのだ。

　けっこうな通勤通学客が待つなか、交換のディーゼルカーが発車していくのを待って、ワムを1輌置いて代わりにワラを1輌つなげて戻ってきた。その間、4輌の客車はホームに置去りのまま、のんびりとしたものである。

　鰺ヶ沢発10時27分、ようやく期待した情景に近づいていくのだった。

「海沿いの道」

　鰺ヶ沢を出てしばらく走ると、ようやく海沿いの道に出る。五能線は日本海に沿ってぐるりと走る印象だったのが、五所川原の前も後も、雪に覆われた雪の原を走るといった風で、目指す海は見えて来なかった。

　岩木山の裾野を横切る区間を過ぎ、鰺ヶ沢を出てようやく海を目にすることになった。しかし、である。冬の日本海、初めて見る冬の海は、想像を遥かに超えて重々しいものであった。鉛色にどんよりとした海。見ているだけで息苦しくなってしまうような… ほかの地元のお客は見慣れた情景なのだろうが、都会からの旅人はその鉛色にすっかり押し潰されそうになっていたのだった。

055

海辺の街、深浦

　海沿いの道は、海から吹き上げる強風のために雪も吹き飛ばされてしまう、と聞いたことがある。この日はそれほど風は吹いていなかったのだけれど、ところどころ雪がなかったりした。

　深浦に着いた。のちのち五能線を訪ねた時は深浦を目指した。もちろん岩館はじめ、名所での写真もよかったのだが、なんだか五能線沿線の街の情景を味わいたくて、しばらく深浦の駅近くで列車の発着を観察したりしたものだ。

　列車で通過するだけでは解らなかったのだが、街を俯瞰するような場所に行ってみると、道路越えたひとつ先は海、というような海辺の街であることが解った。この街で宿泊して、おいしい海の幸でも食べてみたい。そんな時に「ハチロク」の発車音、通過音が聴こえたりしたら、きっと忘れられない旅になるだろうなあ。

　結局は果たせないまま、1973年3月には「ハチロク」は引退してしまったのだが、いまだに写真を見るとちょっと心残りな気がしたりする。

　右の写真、そろそろ終着も近くなって、そうだオハユニの客室を撮っておこう、と思い立って撮影した。たった20人分の座席しかない合造車。けっこうな数のお客さんで埋まっていたが、この辺りまでくると乗客の入れ替わりが頻繁になっていた。

058

岩館での交換

　客車の中で、しばらく無言のまま海を見ていた。こんな海は見たことがなかった。海といえば碧くキラキラ輝いているものだと思っていたのだから、この、冬の鉛色の日本海は恐ろしいほど、であった。

　ずーっと海沿いの道を走って岩館に着いた。やっとそこで我に返ったのは、岩館駅で上下の直通列車が交換するから、だった。東能代を12時14分に出た1739レ。ちょうど1時間後にここ岩館で交換、ということはわれわれの混合列車の旅もあと1時間ほど、ということになる。

　やってきたのは28688の牽く客車3輌＋貨車1輌という混合列車。デフレクターの低いのが特徴的な「ハチロク」であった。お互いほぼ定刻、というのもすごいなあなどと感心するうちに、発車時刻となった。

　岩館駅を出ると、右に海を見下ろしながら鉄橋で集落もろとも跨いでいく撮影名所がある。なるほど、下から仰いで撮影したらいいシーンが撮れるのだろうな、などと考えながら長い鉄橋を渡っていく時間は、なんだかスローモーションのようにも思えたりした。

　鉛色の海もこの高さならいい景観だった。

終着、東能代

　終着、東能代に着いたのは14時20分であった。約6時間に及ぶ旅は終わった。新幹線だったら、かなり日本の果て近くまで行ってしまえそうな時間を掛けて、150kmほどをひとつひとつの駅に停まりながら走り抜けた。

　ちなみに同じ弘前〜東能代間を奥羽本線の急行だと2時間足らず、普通列車でも五能線の半分ほどの時間で到着できる。さすが、全線踏破したのはわれわれだけ。興味のままに体験してみた、もの好きだなあ、といわれるような旅であった。

　しかし、この6時間はいろいろな経験、忘れられないインパクトを残してくれた。こうした思いが積み重なって、鉄道好きが止まらなくなっているのだから、まずはよかったということか。待つうちC61 2の牽く奥羽線列車がやってきた。

列車から切り離された混合列車 1730 レの
牽引機、58666 はそのまま機関区の奥へ進ん
でいった。長旅を終えたあとの整備が行なわれ
るようだ。煙室扉が開けられ、煙室に溜ったシ
ンダが掻き出されるシーンは興味深いもので
あった。
　蒸気管から吹き出されるスティームも白く柔
らかな印象。ときに見せる迫力の煙など想像も
つかない。大きなひと仕事を果たした安堵感さ
え感じられる… それは長旅を終えたわれわれ
の気持ちにも共通するものであった。

五能線 余録

五能線6時間の旅は大きなものを残してくれた。それまでは撮影地への「アシ」という感覚だったのが、蒸気機関車に牽かれた列車旅を経験することで、いままで知らなかった魅力に接することにもなった。

以後の鉄道趣味にいっそうの奥行を与えてくれた、といってもいいかもしれない。

その日、東能代では雪に埋もれたDF90にも遭遇した。

若かりし頃の五能線の旅、その後に知ったことも少なくない。奥羽本線、川部から別れていく五能線だが、多くの列車は弘前が始発である。スウィッチバック状に別れていく五能線のために、弘前～川部間は「ハチロク」が逆向運転で走ると知って、ぜひとも見に行きたくなった。

弘前発深浦行の列車。川部駅手前の浅瀬石川橋りょうの手前で待った。1970年代になってもこうした光景が見られるのは嬉しいことであった。

東能代の機関区、当時は五能線管理所という名前で東能代に4輛、弘前に5輛の8620型が配属されていた。東能代の扇形庫にいた28620は1968年にお召予備機として整備された名残りがあった。

特集3

本州の最果て 青森の印象

● 青森と青函連絡船

　東北の線路は青森で行き止まっていた。東北本線も奥羽本線も、ここ青森で集結し、1988年3月に青函トンネルが開通して、津軽海峡の下を線路が繋がるまでは、北海道に行くには青森から青函連絡船に乗換えて行かねばならなかった。

　そもそも青森〜函館間に定期航路が開設されたのは1908（明治41）年3月のこと。当時の鉄道庁（のちの国鉄）によるものだが、それ以前に日本鉄道が計画していたものの、東北線ともども国有化されたことにより、国の手で開設されることになったものだ。

　車輌航送は大正年間にはじまったといわれるが、当初は艀を使って貨車を連絡船に積み込んだ。1925（大正14）年8月には青森、函館に車輌航送用の桟橋が完成し、車載客船によって直接航送が本格化する。

　戦後間なし連合軍専用列車が上野〜札幌間で運転され、それが客車航送の最初となった。

　1954年9月には「洞爺丸台風」により5隻の連絡船が沈没するという「洞爺丸事件」の話は国鉄史に記される戦後五大事故に数えられるものだ。この事故をきっかけに寝台車の航送はなくなったが、青函トンネル開通までは北海道への玄関口であり、本州の鉄路の果て、ということに変わりはなかった。

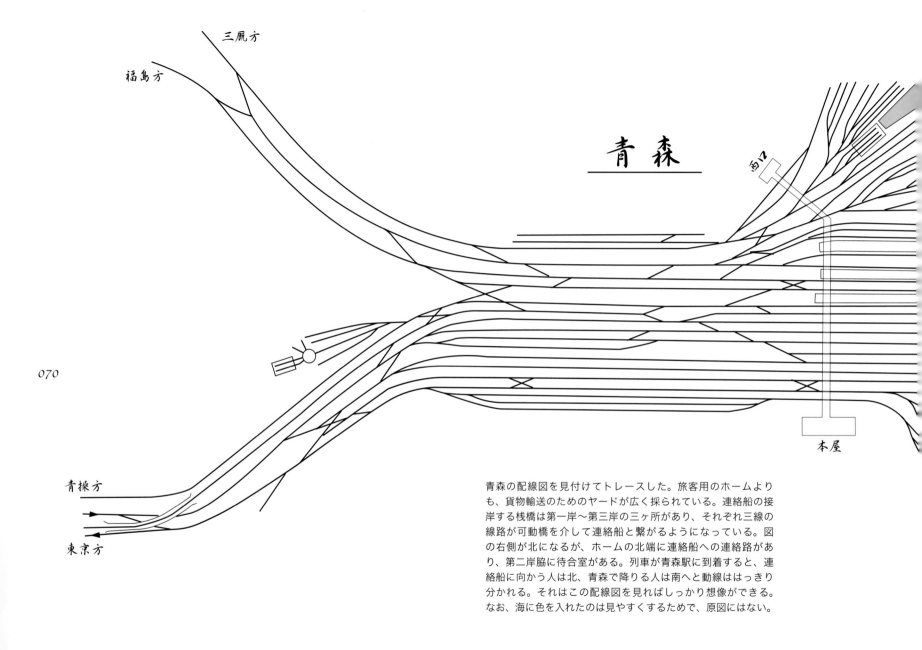

三厩方

福島方

青　森

西17

青操方

東京方

本屋

070

青森の配線図を見付けてトレースした。旅客用のホームより
も、貨物輸送のためのヤードが広く採られている。連絡船の接
岸する桟橋は第一岸〜第三岸の三ヶ所があり、それぞれ三線の
線路が可動橋を介して連絡船と繋がるようになっている。図
の右側が北になるが、ホームの北端に連絡船への連絡路があ
り、第二岸脇に待合室がある。列車が青森駅に到着すると、連
絡船に向かう人は北、青森で降りる人は南へと動線ははっきり
分かれる。それはこの配線図を見ればしっかり想像ができる。
なお、海に色を入れたのは見やすくするためで、原図にはない。

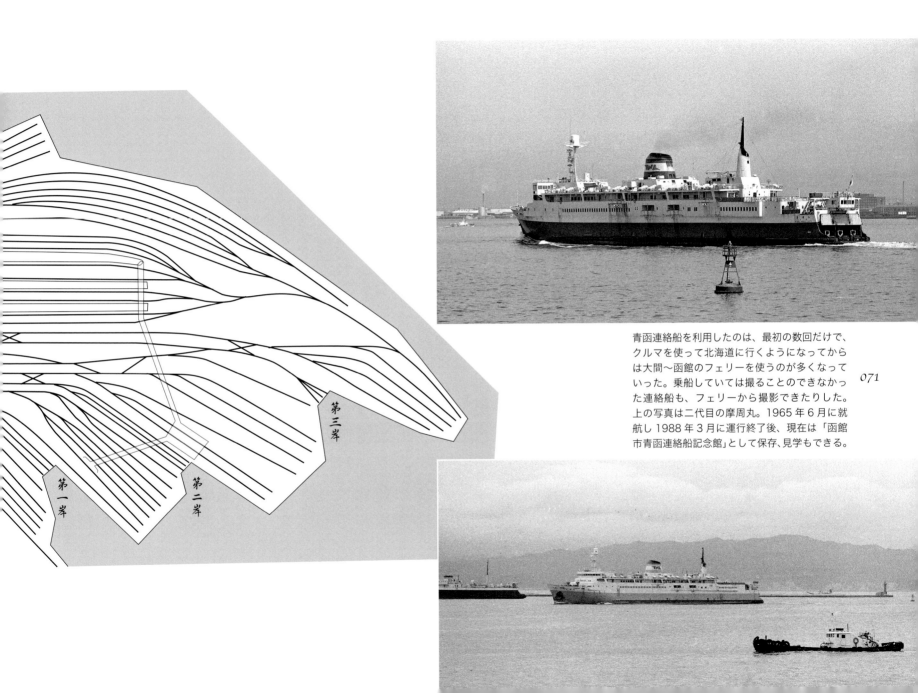

青函連絡船を利用したのは、最初の数回だけで、クルマを使って北海道に行くようになってからは大間〜函館のフェリーを使うのが多くなっていった。乗船していては撮ることのできなかった連絡船も、フェリーから撮影できたりした。上の写真は二代目の摩周丸。1965年6月に就航し1988年3月に運行終了後、現在は「函館市青函連絡船記念館」として保存、見学もできる。

第一岸

第二岸

第三岸

● 青森の極寒の夜

　北海道に渡るよりも前に、青森は一度行っておかねばならないところであった。連絡船にも興味があったし、そこで働く機関車も見てみたかった。

　最初の青森は、まだいろいろなことを知り得ていなかった若かりし頃。北海道に渡ることはせず、東北本線で行って奥羽本線で帰ってくる、東北一周。無謀にも青森駅で一夜を明かそう、などという計画であった。もちろん、北国の冬の寒さなど、想像すらできていなかった年代、である。

　とっぷりと日が暮れた青森駅。駅、ホームに降りるとお客さんはふた手に分かれる。このまま北海道に渡る人は長い通路を渡って桟橋に向かう。青森を目指してきた人は反対側の通路を使って東西の出口に向かうのだ。みんな早足で、ホンの少しの時間ののちには、ホームに残っているのはカメラを持つわれわれだけ、になっていた。

　入換え用の 9600 はバック運転で見通しのいいようにテンダーが改造されている独特のものだ。全部で 20 輛近くもの 9600 型が青森区には配属されていた。それに、発着する本線の夜行列車。そんなものを見ているうちに一夜は過ごせる、と思っていたのが甘かった。結果をいうならば、日付が変わるより前に音をあげて、駅員さんに紹介してもらった駅前旅館に、それこそ逃げ込むようにして、青森駅の夜明かし計画はそこで終了したのだった。

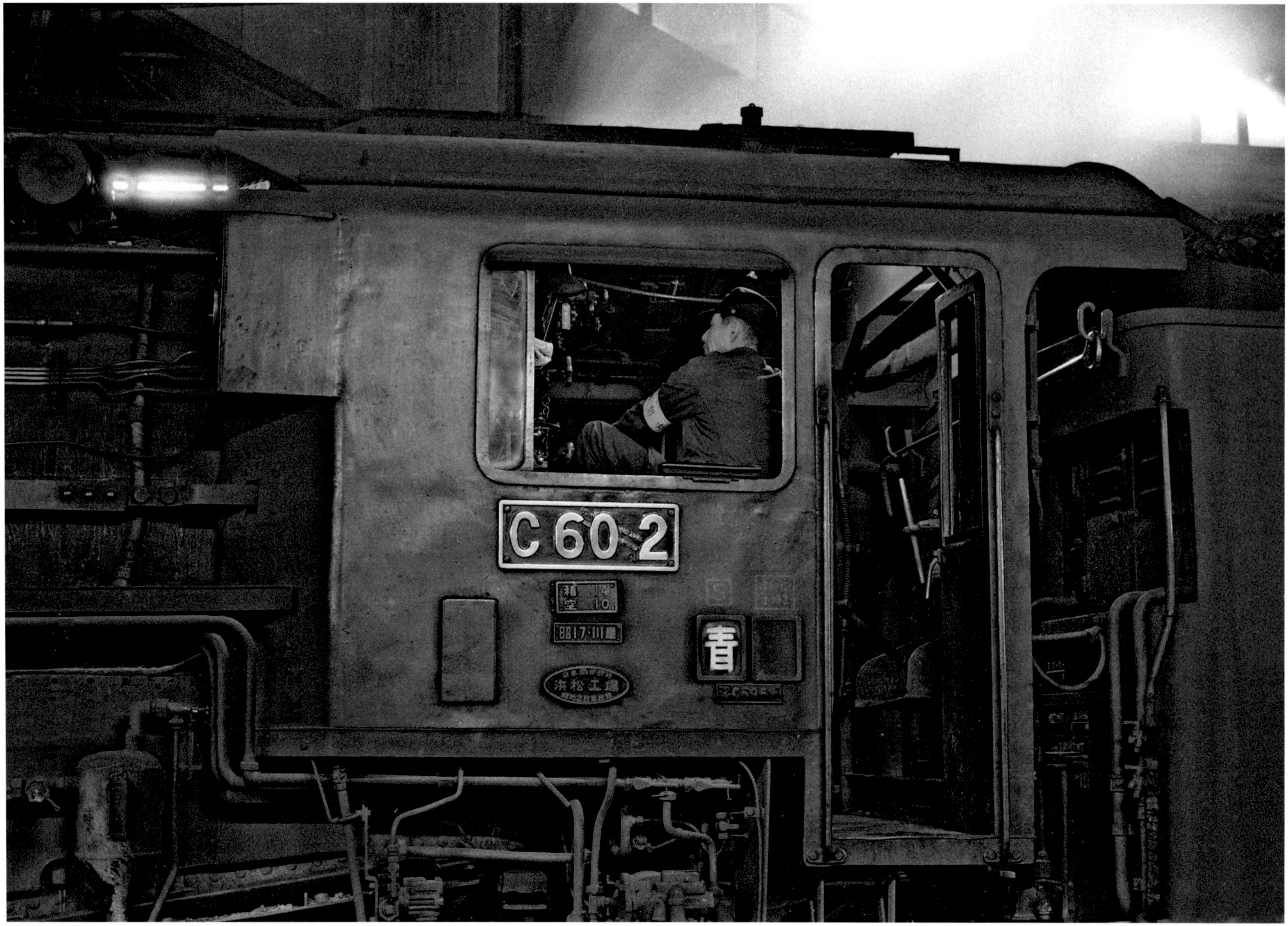
C 60 2
青

● 青函連絡船のこと

　何回かの北海道撮影行では、もちろん青函連絡船を利用した。乗換え、というのはなんとも面倒なものである。ましてや、列車から船に乗換えて、というのだから「旅の句読点」以上の引っかかりがある。

　着いたホームの前の方に連絡船への通路がある。列車から降りた人の多くはそちらに向かうのだが、最初はゆっくりだったのが、だんだん足早になり、最後は駆けるようにして連絡船を目指す。もちろん自由席の場所を確保するためだが、それ以前に連絡船は定員厳守で、下手をすると乗れなくなったりするのだ、とあとから知った。だから、みんな通路の途中から掛け足になってしまうのだった。

　旅の知恵というか、夜行列車でたとえば奥中山だとか花輪線に行って撮影し、深夜の青森に着き、夜行の連絡船で北海道に渡る… などということをよくしていた。そんなとき、連絡船を¥200でリクライニングできるシートのグリーン指定席を奮発すれば、一日分の宿代が倹約できた。もっともそれはフィルム一本分の価格だったのだが、寝不足よりはよさそうだ。

　しっかり指定席券を持っているのだから、ゆっくり行けばいいのに、人の流れに釣られてホームの北の端から400m近くを駆けて行ったこともある。

　そして過ごす連絡船。昼間の撮影収穫などを思い出しては、とても眠れるようなテンションではなかったのだけれど。

下は指定席券と連絡船用の乗船名簿だ。列車内や待合室にたくさん置かれていたように記憶する。

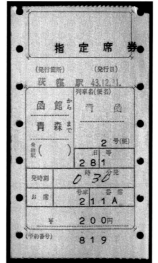

● 青森の夜は明けて

　青森駅は結局翌朝に撮影したもの、また連絡船の往き帰りに列車の時間待ちの合間に撮った。最初の時はラッセル車でさえ珍しくカメラを向けたものだが、いまとなっては写り込んでいる長い通路の方が貴重だったりする。

　控車も面白い存在だった。連絡船内に重い機関車が入り込まないで済むように貨車との間に挟んで使用する。操車掛が乗り込んで誘導連結解放などの作業しやすくするためにフラットな床に手すりがあるだけ。無蓋車などの貨車からの改造だが、調べたら1960年代末時点でヒ300、ヒ400、ヒ500、ヒ600と4型式、170輌近くもの控車があった。

　このうち連絡船の航送用とされたのはヒ300とヒ500の二型式。ヒ300は1949年から、ヒ500は1954年から改造によってつくられた。見掛けたヒ321はシュウ式の台枠を見ても明らかに旧そうで、思わずカメラを向けたものだ。使い道が限られていたこともあってか、意外や1980年代まで残っていた、という。

　忙しく構内を動き回る9600、ときどき姿を見せるC60、C61といった大型旅客用蒸気機関車、そんななか、D51の牽く奥羽本線の列車が発車していった。

　本当なら一日いても飽きない、といいたいところだが、やはり冬の青森は寒い。次なる目的地を目指して、早々に列車の人となるのだった。

　右の9667の延長されたキャブの屋根、次ページ39679の砂箱の嵩上げされた砂注入口など、いまさらに写真を見ては発見を楽しんでいる。やはり蒸気機関車は面白い。

079

あとがきに代えて

　「ハチロク」という機関車はとてもバランスのとれた美しい機関車だと思う。大型機のような迫力、アイドル性はなかったかもしれないが、見れば見るほど味がでてくる。そして曲線と直線が絶妙のバランスであることをはじめ、全体のまとまりのよさに気付くのだ。

　そもそもは大正の生まれだから、蒸気機関車晩年の頃には車齢50年になろうかという古典機であった。にもかかわらず多くの路線で主力として活躍していたばかりか、貨物用9600型とともに、ほとんど蒸気機関車の終焉にもその姿をとどめていたのだから素晴らしい。機関車として優秀だった、ということにもほかなるまい。

　たとえばわれわれが見果てぬ夢の存在と認識しているC51型などが、最高性能の本線用機関車としてつくられたがゆえに、いち早く姿を消してしまったのとは対照的に、ローカル線の守り手として活躍しつづけたのだ。古典機の面影をも残す「ハチロク」は趣味的にみても貴重な存在だった。

　思い返してみれば、最初は八王子機関区にいた8620型だったろうか。もっといえば通学の途中、中央線国分寺に蒸気機関車がいるのに遭遇し、それが「ハチロク」で、八王子区からやってきている、と知った時。東芝への専用線がある東京競馬場への支線、国立にあった鉄道技術研究所への入換え等に使われているもので、付近の非電化区間への乗入れのために、わざわざ八王子からやってきた。行き交う101系通勤電車の間隙を縫って、というわけだった。

　その八王子区の8620型がDD13型ディーゼル機関車に置き換わったのはいつだったろうか。考えてみれば、入換えばかりで、ちゃんと列車の先頭に立って活躍するシーンに遭遇したのは花輪線が最初だったかもしれない。意外と親しんでいるようでいて「ハチロク」はそんなに身近かではなかった、ということだろうか。

　それだけに重連や後補機付で活躍する花輪線は目を見張らされてしまうようなものだった。想像を遥かに超えていた、といっていい。吹き上げる煙の凄さに、早朝から陽が暮れかかるまで、一日中感動していた。

　それこそ、こんな情景が毎日繰り広げられている、われわれがカメラを向けようと向けまいと、こんな迫力あるシーンが展開していることに、別の感動を憶えたりしたのだった。

＊　　　　＊　　　　＊

　つい近年のこと、いうなれば蒸気機関車が姿を消してから45年が過ぎようかとしていた頃である。ひとつの模型製品に目が留った。拘りの少量多品種の16番ゲージやHOゲージならいざ知らず、それが「Nゲージ」の量産モデルであったからちょっと驚かされた。

その製品は「昭和40年代に花輪線、五能線で活躍した8620…」とされ、運転台に旋回窓、キャブ屋根延長、防寒カーテンなどが添えられている。ナンバープレートは28643、48685、58698、68656… 残念ながらこん回採り上げた機関車は微妙に外れている。

眺めていたら、次々に思い出して飾り棚にあった「ハチロク」を取出してきたりして… 旧くは鉄道模型社、「ハチロク」モデルの最高傑作といわれたトビー模型のデフ付完成品。いくつものタイプをキットで提供してくれた珊瑚模型店… こんなにあるところをみると、やはり好きな機関車のひとつだと改めて気付いたりして。

＊　　　＊　　　＊

考えてみれば、こん回の「ハチロク」はクルマを使いはじめる以前、まだ列車で写真撮影行に出掛けている時代のものだ。

つい最近になって、花輪線の沿線をクルマで走った。秋田に行くのに、高速道路を走ったのだが、東北自動車道はちょうど八幡平と龍ヶ森の中間辺りから花輪線に沿って進む。十和田南から花輪線はスウィッチバックして大館に行くのに、自動車道はそのまま碇ヶ関の辺で奥羽本線に沿うようになっていく。

それに気付いたのは東北自動車道を走っていて「龍ヶ森トンネル」などという表示が現われたからで、むかし「ハチロク」が喘いでいた峠を一気にトンネルで突き抜けてしまったのだった。時速100km/hで走るクルマを運転しながら、まあ、クルマとはそんな蒸気機関車とは一時代ちがう時代ののりもの、という感覚ではあるのだが、安比高原ではなく龍ヶ森という名前が出てきたことに、少し嬉しくなって50年前を思い起こしたりしたのだった。

その50年前だって、大正時代の蒸気機関車が主力として走っていることに、ちょっとした時代のズレを感じていたのだから、いまや「ハチロク」の活躍など思い出すだに夢のような心地だ。

そんな時代の狭間にいたことの幸運を改めて思ったりしたのだった。

＊　　　＊　　　＊

追記：そうだ、かつて「ハチロク」の書籍をつくったことがある。「ハチロク」は8620型蒸気機関車を指すものとばかり思っていたところに、トヨタ86というスポーツカーが登場した。いまも人気の一台だが、その書籍をつくったのだ。

設計者の方々へのインタヴュウの折、「ハチロク」といえば鉄道好きに人気の機関車の愛称である旨、お伝えしたら怪訝な顔をしておられた。トコロ変われば… の面白い話である。

2023年早春に
　　いのうえ・こーいち

いのうえ・こーいち　著作制作図書

● 『世界の狭軌鉄道』いまも見られる蒸気機関車　　全6巻　　　2018 〜 2019 年　　メディアパル
　1、ダージリン：インドの「世界遺産」の鉄道、いまも蒸気機関車の走る鉄道として有名。
　2、ウェールズ：もと南アフリカのガーラットが走る魅力の鉄道。フェスティニオク鉄道も収録。
　3、パフィング・ビリイ：オーストラリアの人気鉄道。アメリカン・スタイルのタンク機が活躍。
　4、成田と丸瀬布：いまも残る保存鉄道をはじめ日本の軽便鉄道、蒸気機関車の終焉の記録。
　5、モーリイ鉄道：現存するドイツ 11 の蒸機鉄道をくまなく紹介。600mm のコッペルが素敵。
　6、ロムニイ、ハイス＆ダイムチャーチ鉄道：英国を走る人気の 381mm 軌間の蒸機鉄道。
● 『C56 Mogul』 C56 の活躍した各路線の記録、また日本に残ったうちの 40 輌の写真など全記録。
● 『小海線の C56』 高原のローカル線として人気だった小海線の C56 をあますところなく紹介。
● 『井笠鉄道』 岡山県にあった軽便鉄道の記録。最期の日のコッペル蒸機の貴重なシーンも。
● 『頸城鉄道』 独特の車輌群で知られる新潟県の軽便鉄道。のちに 2 号蒸機が復活した姿も訪ねる。
● 『下津井電鉄』 ガソリンカー改造電車が走っていた電化軽便の全貌。瀬戸大橋のむかしのルート。
● 『尾小屋鉄道』最後まで残っていた非電化軽便の記録。蒸気機関車 5 号機の特別運転も収録する。
● 『糸魚川＋基隆』 鉄道好きの楽園と称された糸魚川東洋活性白土専用線と台湾基隆の 2' 蒸機の活躍。
● 『草軽電鉄＋栃尾電鉄』永遠の憧れの軽便、草軽と車輌の面白さで人気だった栃尾の懐かしい記録。
● 『日本硫黄 沼尻鉄道』鉱石運搬につくられた軽便鉄道の晩年を先輩、梅村正明写真で再現する。

082 ● 季刊『自動車趣味人』3、6、9、12 月に刊行する自動車好きのための季刊誌。肩の凝らない内容。

著者プロフィール
　いのうえ・こーいち　（Koichi-INOUYE）
岡山県生まれ、東京育ち。幼少の頃よりのりものに大き
な興味を持ち、鉄道は趣味として楽しみつつ、クルマ雑
誌、書籍の制作を中心に執筆活動、撮影活動をつづける。
近年は鉄道関係の著作も多く、月刊「鉄道模型趣味」誌
に連載中。主な著作に「C62 2 final」、「D51 Mikado」、
「世界の狭軌鉄道」全 6 巻、「図説電気機関車全史」（以上
メディアパル）、「図説蒸気機関車全史」（JTB パブリッ
シング）、「名車を生む力」（二玄社）、「ぼくの好きな時代、
ぼくの好きなクルマたち」「C 62 ／団塊の蒸気機関車」
（エイ出版）、「フェラーリ、macchina della quadro」
（ソニー・マガジンズ）など多数。また、週刊「C62 を
つくる」「D51 をつくる」（デアゴスティーニ）の制作、
「世界の名車」、「ハーレーダビッドソン完全大図鑑」（講
談社）の翻訳も手がける。季刊「自動車趣味人」主宰。
株）いのうえ事務所、日本写真家協会会員。
連絡先：mail@tt-9.com

龍ヶ森の「ハチロク」 五能線の混合列車　鉄道趣味人 06　「東北 1」

発行日　　2023 年 2 月 15 日
　　　　　初版第 1 刷発行

© Koichi-Inouye 2023

　　　　著者兼発行人　いのうえ・こーいち
発行所　　株式会社こー企画／いのうえ事務所
　　　　　〒 158-0098　東京都世田谷区上用賀 3-18-16
　　　　　PHONE　03-3420-0513
　　　　　FAX　　　03-3420-0667

ISBN　978-4-8021-3377-7　C0065
2023 Printed in Japan

発売所　株式会社メディアパル（共同出版者・流通責任者）
　　　　　〒 162-8710　東京都新宿区東五軒町 6-24
　　　　　PHONE　03-5261-1171
　　　　　FAX　　　03-3235-4645

印刷 製本　株式会社 JOETSU

著者近影　　撮影：イノウエアキコ